AF402715

RÉIMPRESSION DE : { LE MÉNAGE DE RIGOLETTE.
{ LES 20 SOUS DE PÉRINETTE.

THÉATRE DE LA MONTANSIER

LE CODE DES FEMMES

COMÉDIE EN UN ACTE, MÊLÉE DE COUPLETS

De M. DUMANOIR

Représentée pour la première fois, à Paris, sur le théâtre de la MONTANSIER,
le 18 octobre 1845.

PRIX : 60 CENTIMES.

Paris

BECK, LIBRAIRE

RUE DES GRANDS-AUGUSTINS, 20

TRESSE, successeur de J.-N. BARBA, Palais-National.

1850

LE CODE DES FEMMES,

COMÉDIE EN UN ACTE, MÊLÉE DE COUPLETS,
DE M. DUMANOIR (Philippe)

Représentée pour la première fois à Paris, sur le théâtre du Palais-Royal, le 18 Octobre 1845.

PERSONNAGES.	ACTEURS.
PAUL FAUVEL (25 ans).........................	M. Derval.
EMMA, sa femme (18 ans)......................	Mlle Nathalie.
MIGNONET, avocat.............................	MM. Lemenil.
ROMAIN, domestique de Paul...................	Lheritier.
LOUCHON, son cousin..........................	Lacourière.
Une femme de chambre.........................	

(La scène se passe à Paris, chez Fauvel.)

La mise en scène est indiquée par des renvois. Les personnages doivent être placés en scène comme leurs noms sont inscrits sur la brochure, de gauche à droite.

Le théâtre représente un petit salon. Portes à droite et à gauche ; trois portes au fond ; une cheminée à gauche, au premier plan. Chaises, fauteuils ; un guéridon au premier plan à droite.

SCÈNE PREMIÈRE.

ROMAIN, *étalé sur un fauteuil, à gauche,* LOUCHON, *debout.*

ROMAIN.

Voyons, cousin, ne te gêne donc pas... assieds-toi là, sur ce fauteuil... A huit heures du matin, quand les maîtres dorment, les domestiques ont la jouissance du salon et des meubles.

LOUCHON, *prenant un fauteuil.*

Alors, j'entre en jouissance.

RÓMAIN.

Parbleu ! tu es comme chez toi, puisque je m'en vas, et que tu prends ma place... Dès que monsieur quittera sa chambre et passera au salon, je te présenterai, et tu entreras en exercice... Essaie les fauteuils, fais connaissance.

LOUCHON, *se rapprochant.*

Ah ! ça, cousin, pourquoi donc que tu quittes cette place-ci ?.. quand elles sont bonnes, les places, on les garde le plus ordinairement.

ROMAIN.

Je vais t'expliquer ça, mon garçon, je vais te communiquer mon système... Moi, je ne sers que les jeunes gens non mariés... Parce que, vois-tu, les maîtresses, les duels, les nuits de carnaval,... enfin, les allures Régence... ça me va... c'est mon genre... Mais monsieur s'est marié, s'est rangé... je lui ai offert ma démission, et j'entre au service d'un fils de famille qui se lance... voilà ce que j'aime... Plus tard, sur mes vieux jours, je me retirerai dans un ménage, dans un intérieur vertueux... et je passerai domestique ganache, genre Caleb.

LOUCHON.

A ton compte, je suis donc du genre ganache, moi ?

ROMAIN.

Pas du tout !.. (*Se levant.*) Tu es jeune... tu commences... et puis, une maison tranquille, ça va à ton caractère.

LOUCHON.

Mais... le caractère du maître que tu me repasses ?.. je tiens à prendre mes informations.

ROMAIN.

Tu as mon certificat... Je soussigné, Romain, déclare avoir servi, pendant cinq ans, le nommé Paul Fauvel, dont j'ai été toujours satisfait, pour la douceur, la politesse, l'exactitude à payer les gages... et cœtera, et cœtera.

LOUCHON.

Ah! il est doux?

ROMAIN.

Comme un jeune mouton.

LOUCHON.

Bon, ça!.. Il ne dit pas de gros mots à son domestique?

ROMAIN.

Jamais.

LOUCHON.

Très bon, ça!.. Il ne te battait pas?

ROMAIN.

Allons donc!

LOUCHON

Encore bien bon, ça!

ROMAIN.

Air : *Voulant par ses œuvres complètes.*

Enfin, si tu veux le connaître,
Fais en l'essai pendant quelqu'temps.

LOUCHOU.

Allons ! c'est décidé, ton maître
Il convient beaucoup, et je le prends,
S'il offre tous ces avantages,
Je le garderai, par égard...
Et si j'en suis content... plus tard...
Je lui ferai doubler mes gages.

ROMAIN.

Tu m'en diras des nouvelles.

LOUCHON.

Ah ! ça... et madame?

ROMAIN.

Oh! pour sa femme, elle m'est inconnue... je ne te garantis que la moitié du ménage.

LOUCHON.

Il n'y a donc pas longtemps qu'ils sont mariés?

ROMAIN.

Il y a environ vingt-trois ou vingt-quatre...

LOUCHON, *étonné.*

Vingt-quatre ans!..

ROMAIN, *riant.*

Vingt-quatre heures.

LOUCHON, *avec intérêt.*

Ah! c'est si frais que ça?

ROMAIN.

M. Paul a épousé la fille unique d'un grand magasin de nouveautés... une jeune personne, qui commandait à 27 commis...

LOUCHON.

Et qui va n'avoir qu'un seul mari à mener... ça lui gâtera la main.

ROMAIN.

Le mariage a été célébré hier, et, à minuit, les deux unis ont quitté le bal pour venir ici, dans le nouvel appartement de M. Paul, où...

LOUCHON, *ému.*

Ne va pas plus loin ! tais-toi !.. je suis si inflammable !

ROMAIN.

Ils ne vont pas tarder à sortir de l'endroit nuptial... (*Montrant la gauche.*) situé de ce côté... Tu vas voir, quel tableau enchanteur !..Monsieur, rayonnant de bonheur !.. Madame, confuse, les yeux baissés!..

LOUCHON, *très agité.*

Mais tais-toi donc !.. O Dieu ! comme ça m'irait, de confusionner une épouse !

ROMAIN.

Et le moment sera excellent pour te présenter... Tiens! justement, attention !.. la porte s'ouvre... (*Se retirant au fond.*) Observe le tableau du bonheur conjugal...

LOUCHON.

Je suis tout œil ! (*Ils se tiennent au fond, près de la porte.*)

SCÈNE II.

LES MÊMES, PAUL, puis, EMMA.

PAUL, *sortant de la chambre à gauche. Il tient un livre, qu'il feuillette avec impatience, en le parcourant d'un air distrait, puis il s'approche de la cheminée et y jette le volume avec colère* (*).

Au diable ! (*Il s'assied et frappe du pied.*)

ROMAIN, *bas.*

Tiens !.. il est seul !

LOUCHON, *de même.*

Qu'est-ce qu'il a donc fait de sa femme ?

ROMAIN.

Attends... elle va sortir de la chambre. (*Ils regardent à gauche.*)

EMMA, *entrant par la droite, d'un air agité et froissant son mouchoir.*

Il ne viendra donc pas !.. (**) (*Elle s'assied à droite.*)

LOUCHON, *regardant Romain.*

Ah! bah !.. chacun d'un côté !

ROMAIN, *montrant les deux portes.*

Le mari au nord, la femme au midi !.. déjà !

PAUL, *vivement.*

C'est elle !.. (*Se levant.*) Ah! morbleu! je veux... (*Voyant Romain et Louchon.*) Ciel ! nous ne sommes pas seuls!.. (*Allant à Emma et avec affabilité.*) Madame... (***)

EMMA, *le saluant froidement et sans le regarder.*

Monsieur...

ROMAIN, *à part, regardant Louchon.*

Monsieur?..

LOUCHON, *de même*

Madame?..

PAUL, *à Romain.*

Que voulez-vous?

ROMAIN, *interdit*

Pardon, monsieur... je ne savais pas...

LOUCHON, *de même*

Il croyait, au contraire, que...

PAUL

Quel est ce garçon?..

ROMAIN.

Louchon... mon cousin.

LOUCHON.

Son cousin Louchon...

ROMAIN.

Dont j'ai parlé à monsieur, pour me remplacer comme valet de chambre... et que je voulais présenter à Monsieur, ainsi qu'à Madame... (*Emma, toujours assise, leur tourne le dos et continue à froisser son mouchoir.*)

PAUL, *les yeux fixes sur sa femme.*

C'est bien... plus tard... dans la journée... Laissez-nous (*).

LOUCHON, *bas à Romain.*

C'est çà ton tableau du bonheur conjugal?..

ENSEMBLE, *à demi-voix.*

Air: *des Tambours de la garde.*

PAUL ET EMMA, *à part.*

Le voilà donc, ce premier jour,
De l'avenir triste présage!
Adieu donc, adieu, sans retour,
Rêves de bonheur et d'amour!

ROMAIN ET LOUCHON, *au fond.*

Déjà brouillés, le premier jour!
C'est un peu tôt dans un ménage:
L'accord, le bonheur et l'amour
Devraient durer au moins un jour.

(*Les deux valets sortent du fond à droite.*)

SCÈNE III.

PAUL, EMMA.

PAUL, *s'approchant et d'un ton ferme.*

Madame... (*Emma demeure immobile et garde le silence.*) (*A part*) Allons! c'est un parti pris... (*Haut*). Je comprends votre silence, madame, et je me retire... quand il vous plaira de déjeuner, ayez la bonté de donner vos ordres... je ne rentrerai pas.

(*) P. L.R. E.

EMMA, *sèchement*

Fort bien, monsieur.

PAUL, *étonné.*

Ah!.. (*A part, avec un dépit contenu*) Comme c'est gentil, pour un second jour!.. comme ça promet!.. Enfin... (*Il prend son chapeau.*) Adieu, madame.

EMMA.

Adieu, monsieur.

PAUL, *près de la porte.*

Je sors, madame.

EMMA.

Comme il vous plaira, monsieur.

PAUL, *jetant son chapeau.*

Eh! bien! non!.. je ne sortirai pas!.. Il me faut une explication!.. vous me l'avez refusée, quand je l'implorais à genoux... maintenant, je la veux, je l'exige, et je suis résolu...

EMMA, *sèchement.*

Et moi, monsieur, je suis décidée à ne pas répondre un seul mot.

PAUL.

Comme cette nuit?

EMMA.

Absolument.

PAUL, *à part,*

Quel ravissant petit caractère j'ai épousé là!... Au moins, il est franc... il a éclaté tout de suite... (*Haut.*) Cependant, madame...

EMMA, *se retournant avec surprise.*

Ah! je vous croyais parti.

PAUL.

Je ne vous importunerai pas longtemps... Au surplus, il me tarde de voir mon frère... mon jeune frère Gaston, qui n'a pu assister à notre noce... il était... (*Comme cherchant.*) il était malade... je desire avoir de ses nouvelles... et lui donner des miennes... (*Ironiquement.*) qui ne sont pas très satisfaisantes... la nuit a été mauvaise

EMMA, *se levant.*

Monsieur... (*)

PAUL, *s'animant tout-à-coup.*

Et pourquoi, après tout?.. Car c'est à se donner au diable!.. (*Avec bonté.*) Voyons... présenté à votre famille, qui avait d'avance agréé ma recherche, j'ai voulu ne devoir mon bonheur qu'à vous, à votre choix... et vous m'avez répondu, en me tendant la main que je demandais... Un mois après, nous étions les meilleurs amis... comme de vieilles connaissances... Je suis gai... (*Se reprenant.*) Ordinairement, pas aujourd'hui... Vous êtes vive... nous nous entendions parfaitement... Hier, nous nous rendons à la mairie... et là, deux oui bien fermes, bien articulés, témoignent de la franchise de nos sentiments... La journée se passe le plus gaiment du monde... Le soir, entre le repas de noce et le bal,

(*) E. P.

jc vous quitte un instant, je m'éloigne une heure à peine... et quand je rentre... vous n'êtes plus la même... vous m'accueillez d'un air froid, contraint, presque sévère... Que s'est-il passé?.. Je m'informe, et j'apprends... (Est-ce là ce qui a tout changé?..) j'apprends qu'un cousin à vous, qui, dit-on, vous aimait autrefois, est revenu de voyage, a reparu à l'improviste, a jeté les hauts cris en apprenant votre mariage... et tout d'abord, moi, je suppose...

EMMA, *s'asseyant.*

Oh! supposez, monsieur, tout ce que vous voudrez.

PAUL.

Non... pardon... je suppose tout ce que je ne voudrais pas. (*Reprenant.*) Cependant, je me contiens... je danse même... comme si j'étais très content... Minuit sonne, nous quittons le bal, nous venons ici... et seuls enfin, face à face, je vous demande l'explication d'un changement si étrange, si subit... Pas un mot!.. rien!.. Je veux porter à mes lèvres votre main, qui froissait un mouchoir de dentelle... (Tenez! comme en ce moment) Vous vous levez brusquement, vous traversez le salon, vous vous enfermez dans ce boudoir... (*Il désigne la droite.*) et moi, je reste à la porte... Genre de faction assez inusité pour un mari... Cependant, comme ce titre me donnait au moins le droit de regarder par le trou de la serrure... j'use de mon privilége... je vous vois marcher avec agitation, vous frapper le front, et même casser deux tasses de porcelaine... (*Mouvement d'Emma.*) Oh! décidément, vous êtes très vive... Puis, bientôt après, vous saisissez une plume et tracez rapidement un billet... Adressé à qui, madame?

EMMA.

Vous ne le saurez pas.

PAUL.

C'est fort rassurant... Et voilà comment s'est écoulée ma nuit de noces!.. C'est la première fois que je me marie... je ne sais pas comment les choses se passent d'ordinaire... mais, si je n'ai pas été mal renseigné, nous sommes tout-à-fait dans l'exception... Est-ce que cela durera toujours ainsi?

EMMA.

Toujours, monsieur.

PAUL.

La perspective est riante.

EMMA, *se levant.*

A moins cependant, monsieur, qu'un incident... probable... ne dessine plus nettement notre position.

PAUL, *vivement.*

Je désire l'incident.

EMMA.

Vous serez satisfait.

PAUL, *s'animant de nouveau*

Car enfin, madame, de quelque patience qu'on

soit doué, vous comprenez qu'il n'est pas tolérable...

EMMA, *froidement.*

Vous disiez que monsieur votre frère était indisposé?

PAUL, *se calmant.*

Je vous quitte, madame... vous me rappelez que j'ai un devoir à remplir jusqu'au bout... une mission délicate... dont j'aurais certainement confié le secret à ma femme... si j'avais une femme... (*La voyant distraite et appuyant.*) si j'avais une..

EMMA.

Adieu, monsieur.

PAUL, *à part, après un geste de colère, aussi-tôt réprimé.*

Comme c'est agréable! (*Haut et avec dignité.*)

Air : *de la Sirène.*

Ce silence
M'offense :
Je dois me retirer...
Je vais, de ma présence.
Enfin, vous délivrer.

ENSEMBLE.

A part.

C'en est trop! de colère
Je me sens transporté!
Mais, du calme, et j'espère
Savoir la vérité.

EMMA.

Cachons-lui la colère
De ce cœur irrité;
Bientôt, chacun, j'espère,
Saura la vérité!

(*Paul sort au fond.*)

SCÈNE IV.

EMMA, PUIS UNE FEMME DE CHAMBRE, ROMAIN.

EMMA, *seule.*

Enfin!.. (*Elle sonne; entre une femme de chambre* (*). Cette lettre, que je vous ai donnée ce matin, l'avez-vous fait porter?

LA FEMME DE CHAMBRE.

Sur-le-champ, madame.

EMMA.

Et il ne vient pas!.. Ah! je n'aurai pas la patience d'attendre davantage!.. Mon chapeau?... mon châle?.. (*On entend sonner vivement.*) On a sonné!.. si c'était lui!..

ROMAIN, *entrant et annonçant* (**).

Monsieur Mignonet.

(*) E. La F.
(**) E. R.

EMMA.

Ah ! Dieu soit loué ! (*Romain introduit Mignonet, qui salue* (*).)

ROMAIN, *à part, après avoir présenté un siége.*

Une connaissance de madame, que monsieur ne connaît pas !.. c'est drôle. (*Il sort.*)

SCÈNE V.

EMMA, MIGNONET.

EMMA, *vivement.*

Soyez le bien venu, monsieur !.. Je vous attendais avec une impatience !..

MIGNONET, *gracieusement.*

Mignonet, avocat à la cour royale... ami intime de ce cher Ulric, votre cousin,...

EMMA.

En effet, c'est M. Ulric qui m'a parlé de vous, monsieur... de votre talent, de votre éloquence...

MIGNONET, *avec modestie.*

Oh ! il a eu tort de parler de ces choses-là... De l'éloquence, dans ma spécialité, ça ne sert à rien... c'est bon quelquefois aux Cours d'Assises, dans les grandes causes criminelles, quand le défenseur s'attendrit et sanglotte sur la tête de son scélérat... mais, en Police Correctionnelle, il ne faut que de l'esprit... et on soutient que j'en ai... que j'en ai même beaucoup... Aussi, je ne pleure jamais... je ris toujours... je fais rire les juges... ça fait rire l'auditoire... la *Gazette des Tribunaux* rend compte, en riant, de ma plaidoirie... et ça fait rire ses lecteurs... Bref, tout le monde rit, excepté les maris que je fais condamner... Car, ce cher cousin a dû vous le dire, madame, je me livre particulièrement aux procès entre mari et femme... séparation de biens, séparation de corps, conversation criminelle, et cœtera... enfin, tous les délits de la vie conjugale, jusqu'à l'arsénic, exclusivement, qui rentre dans une autre spécialité... J'ai même publié un petit volume, intitulé : *Le Code des Femmes... manuel des victimes...* Je suis, madame, tout à vos ordres.

EMMA.

Pour ma part, monsieur, j'avoue que je tiens peu à un succès de... de gaîté... Ce que je veux, c'est une séparation prompte et définitive !..

MIGNONET.

Nous vous aurons cela.

EMMA.

Mais, surtout, pas de bruit, pas d'éclat !.. je n'ai

(*) E. R.

rien dit de tout ceci, même à mon père, qui aurait tenté une réconciliation impossible.

MIGNONET, *allant poser son chapeau.*

Les grands parents ont la manie d'arranger les procès... c'est un travers... Mais, venons au fait, de grâce...

EMMA.

Monsieur, je suis mariée depuis hier... et depuis hier, je suis la plus malheureuse des femmes !

MIGNONET, *à part.*

Diable ! ça a bien marché. (*Haut.*) Nous ne pouvons pas souffrir notre mari ?

EMMA.

Eh ! monsieur, est-ce que je tiendrais à m'en séparer, si je ne l'aimais pas ?.. (*Pleurant.*) Mais, c'est que je l'aime, ce monstre-là !

MIGNONET.

Ah ! c'est un monstre ?.. je le dirai dans ma plaidoirie... Mais... ça ne suffira pas.

EMMA, *s'animant.*

Oh ! mais, vous direz aussi sa trahison, son crime !.. car c'est un crime, n'est-ce pas, monsieur ? de tromper une pauvre petite femme qui vous aime !.. Et j'ai des preuves, monsieur !.. des lettres !.. des lettres infâmes !.. que vous montrerez aux juges, pour le confondre !

MIGNONET.

Ces lettres... sont en vos mains ?

EMMA.

Elles m'ont été remises en secret par Ulric, mon cousin, qu'un hasard providentiel a ramené hier à Paris... (*Vivement.*) Oh ! je sais parfaitement qu'il m'aimait, quoique je n'aie jamais pu le souffrir, qu'il voulait m'épouser, et que c'est la jalousie qui l'a fait agir... mais qu'importe ?.. Qu'importe aussi comment il s'est procuré ces lettres, adressées par Paul, par mon mari... (*Grossissant sa voix.*) à une femme mariée, monsieur !

MIGNONET, *gaîment.*

Mariée ?...

EMMA.

Dont Ulric m'a caché le nom.

MIGNONET.

Bon ! très bon !.. ça fait toujours rire à l'audience.

EMMA, *sans l'écouter.*

Cependant, je doutais encore... car je ne connais pas l'écriture de mon mari... Mais, bientôt, le doute ne fut plus permis... Hier... hier, monsieur !.. le jour même de notre mariage !.. quelle horreur !..

MIGNONNET.

C'est affreux !.. Quoi donc ?

EMMA.

On lui remet un billet, au moment où nous sortions de table, et il nous quitte aussitôt, d'un air préoccupé... mon cousin le suit, sans m'en prévenir, et revient bientôt m'apprendre... Ah ! c'est une infamie !..

MIGNONET, *vivement.*

Tant mieux!.. (*se reprenant.*) Non, je veux dire...

EMMA.

Au détour de la rue, mon mari était monté dans une citadine... et dans cette voiture, se trouvait une femme voilée!..

MIGNONET.

La femme mariée, c'est clair.

EMMA.

J'ai été trompée, trahie, monsieur ; mon mari a une maîtresse !..

Air : *J'en guette un petit de mon âge.*

Aussi, cette nuit.., la première!...
Cachant à ses yeux mon ennui,
Je l'ai passée, oui, monsieur, tout entière
Là, dans ce boudoir, loin de lui.

MIGNONET.

Toute la nuit!... dois-je vous croire ?...
Lui, seul ici!... vous , seule aussi, là bas !..,

EMMA.

Eh! quoi ! monsieur, vous me blâmez!...

MIGNONET.

Non pas!...
(*A part en souriant.*)
C'est un acte conservatoire.

EMMA.

Oui, j'ai passé cette nuit dans la douleur et dans les larmes... larmes de colère et de rage, monsieur!.. car je ne l'aime plus, je ne veux plus l'aimer!.. Je veux une séparation immédiate!.. je ne le reverrai jamais!.. (*se ravisant.*) Si fait!.. encore une fois... une seule... pour lui arracher les yeux!

MIGNONET, *froidement.*

Bien... très bien!.. tout cela n'est pas mauvais... comme accessoire, comme broderies... Mais la loi en demande davantage... pour obtenir la séparation, il nous faut mieux que cela.

EMMA, *élevant la voix.*

Mieux que cela!.. quand mon mari a une maîtresse !

MIGNONET.

J'entends bien.., c'est quelque chose... Mais... (*Comme s'il récitait.*) A-t-il tenu sa maîtresse dans la maison commune ?

EMMA.

Oh! l'horreur !... il ne manquerait plus que ça !

MIGNONET,

Alors, nous n'obtiendrons rien.

EMMA, *outrée.*

Quoi! monsieur, parce que mon mari me trompe... hors de chez lui...

MIGNONET.

C'est immoral..., mais c'est légal..., il est dans son droit... Code civil, article 230.

EMMA.

Quelle indignité!.. Et si la femme trompe son mari... hors de chez elle?.. ah!...

MIGNONET.

Dans ce cas... assez répandu... nous flottons entre trois mois et deux ans de prison... article 308.

EMMA.

Mais c'est une abomination !.. La loi a donc été faite pour les hommes?..

MIGNONET.

C'est qu'elle a été faite *par* les hommes.

EMMA.

Ainsi, quand une pauvre femme est victime d'un monstre... Car, je vous le répète, c'est un monstre!...

MIGNONET.

Oh! j'en ai pris note...

EMMA.

Il n'y a aucun moyen d'obtenir une séparation?

MIGNONET.

Si fait.

EMMA.

Oh ! parlez!

MIGNONET.

Nous avons l'article 231. (*récitant.*) *Les époux peuvent demander la séparation pour excès, sévices ou injures graves.*

EMMA, *le regardant.*

Je ne comprends pas.

MIGNONET, *s'expliquant.*

Si vous aviez plus d'un jour de ménage, je vous demanderais : (*en hésitant.*) Monsieur a-t-il, dans un mouvement d'humeur... levé la main... sur... Madame?

EMMA,

Jamais!.. par exemple !

MIGNONET,

C'est fâcheux... c'eût été une bien bonne chose... un moyen infaillible.

EMMA, *vivement,*

Attendez!.. Monsieur!.. dites-moi, monsieur.. si mon mari me donnait... un soufflet... cela suffirait-il?

MIGNONET, *vivement.*

Excellent !.. il n'en faudrait pas davantage!.. Si nous tenions un soufflet!.. un bon, un franc, vu et entendu de témoins!.. je répondrais de l'affaire !.. (*en riant.*) Mais le moyen de supposer...

EMMA, *déterminée.*

Oh! soyez tranquille, il m'en donnera un!.. je le veux, il me le faut!.. c'est la première chose que je désire, que je lui demande, et s'il me la refusait!.. Oh! je l'aurai, monsieur, je l'aurai, je vous en réponds, vous pouvez y compter!

MIGNONET, *riant.*

Dans une vingtaine d'années, je ne dis pas. .

EMMA.

Non , monsieur , aujourd'hui !.. aujourd'hui même!

MIGNONET, *reprenant son chapeau.*

Eh! bien, madame, si vous obtenez ça de Monsieur votre mari... s'il est assez aimable pour vous satisfaire... rappelez-moi, je réponds du reste.

EMMA.

Oui, monsieur, oui, je vous écrirai... dès que ce sera fait.

MIGNONET.

Non !.. pas de lettre!.. c'est imprudent... Vous m'enverrez des nouvelles par ce cher Ulric, qui dîne aujourd'hui chez moi.

EMMA.

Permettez..,

MIGNONET.

Madame Mignonet ne voulait pas l'inviter... elle lui en veut, depuis son retour, à ce pauvre garçon... je ne sais pas pourquoi... mais enfin, nous l'aurons.

EMMA.

Tenez , franchement , je désire que monsieur Ulric ne soit pas mêlé à cette affaire... Promettez-moi...

MIGNONET.

De revenir?.. tout à vos ordres, belle dame!.. (*Gracieusement.*) Enchanté de vous avoir donné un bon conseil, qui peut vous séparer à tout jamais de monsieur votre mari!

Air : *Demain chez moi vous viendrez (Paris voleur).*

S'il est complaisant pour vous,
Votre cause sera bonne.

EMMA.

J'en veux un !

MIGNONET.

Dieu vous le donne !.:.

(*A part.*)
Par la main de son époux !

EMMA.

Oh ! je saurai bien le forcer...

MIGNONET, *l'interrompant.*

Bravo !.. Si nos plans réussissent...

(*A part.*)
Leur ménage va commencer
Comme beaucoup d'autres finissent.

ENSEMBLE.

S'il est complaisant pour vous,
Notre cause sera bonne.
Ce qu'il faut, Dieu vous le donne,
par la main de votre époux !

EMMA.

Monsieur, je compte sur vous,
Notre cause sera bonne ;
Je veux, j'entends qu'il se donne
Les derniers torts d'un époux,

(*Mignonet sort.*)

SCÈNE VI.

EMMA, puis PAUL.

EMMA, *avec force.*

Oh ! oui, oui, je le forcerai bien à m'accorder ce que je veux !.. J'ai mon idée!.. (*La porte du fond s'ouvre.*) C'est lui ! (*Elle remonte à droite.*) (*)
PAUL, *rentrant et déposant son chapeau, sans la voir.*

Allons ! le frère, du moins, est plus heureux que le mari... Dieu merci, voilà Gaston à l'abri de tout danger, et moi, délivré d'inquiétude.

EMMA, *à part.*

Allons !... (*Prenant un air insouciant et joyeux, fredonnant et valsant sur place.*) Tra, la, la, tra, la, la... etc.

PAUL, *se retournant vivement.*

Hein ?.. qu'entends-je !.. elle chante !.. elle...

EMMA.

Ah! c'est vous, monsieur ?.. pardon... je ne vou voyais pas.

PAUL, *à part, étonné.*

Quel ton !.. (*Haut, se contraignant.*) Continuez donc, madame.., continuez, je vous en prie.

EMMA.

Oh ! rien.,. C'est qu'hier, au bal,.. je ne sais pas,.. j'étais de mauvaise humeur..., j'ai peu dansé.. e je me rattrapais.,, ici, toute seule

PAUL, *étonné.*

Fort bien... Je me félicite, Madame, de vous avoir procuré une solitude,.. si réjouissante.., je vois avec plaisir que vous ne vous ennuyez pas en mon absence.

EMMA.

Oh ! d'abord, j'ai déjeûné.., toujours toute seule.. et de fort bon appétit, je vous jure... Puis, j'ai reçu une visite.

PAUL.

Ah !.. et puis-je savoir..,

EMMA.

Quelqu'un que vous ne connaissez pas.

PAUL.

Serait-ce ce monsieur que je viens de rencontrer sur l'escalier, et qui m'a regardé d'un air narquois?.. une figure qui m'a fort déplu.

EMMA, *riant.*

Vrai?.. Eh bien ! en fait de figures déplaisantes,

(*) P. E.

nous ne sommes pas en reste... vous en avez apporté quelques-unes à la communauté... vos témoins, par exemple... le vieux...

PAUL, *blessé.*

Madame... je vous prie...

EMMA.

Celui qui a chanté au dessert... Ha! ha! ha!... mais on ne chante plus au dessert, mon cher monsieur... c'est province, c'est Empire... ha! ha! ha!

PAUL, *se contenant à peine.*

Madame!.. cet homme, dont vous riez... c'est mon tuteur...un vieux et fidèle ami de ma famille...

EMMA.

Ah! oui, votre famille... elle renferme aussi quelques curiosités... par exemple, madame votre tante, de Dijon...

Air : *du Verre.*

Eh! mais, vraiment, pourquoi dit-on
Que... sauf ses produits pour la table...
On ne trouve rien à Dijon
De curieux, de remarquable ?
A défaut de vieux monument
Ou gothique ou du moyen-âge,
Notre tante, certainement,
Mérite seule le voyage.
(Riant aux éclats.)
Ha! ha! ha! ha!

PAUL, *furieux.*

Mad...

EMMA, *gaîment, en lui présentant sa figure.*

Plaît-il ?..

PAUL, *la regarde un instant avec étonnement, puis, d'un ton calme.*

Soit, madame... je me résigne à subir vos épigrammes...

EMMA, *à part.*

Comment! rien ?.. pas le plus petit!...

PAUL.

Je ne vous demande qu'une grâce... c'est d'épargner vos railleries à ma bonne vieille tante, qui doit dîner demain avec nous.

EMMA, *à part.*

Bon!.. (*) (*Haut.*) Demain ?.. alors, vous dînerez en tête-à-tête... (*riant.*) ce qui sera bien amusant... quant à moi, j'irai passer la journée chez mon père.

PAUL.

Demain ?

EMMA.

Demain.

PAUL.

Vou. n'irez pas.

(*) E. P.

EMMA, *lui parlant de près.*

J'irai !

PAUL, *plus fort.*

Vous n'irez pas!

EMMA,

J'irai

PAUL.

Vous... (*La porte du fond s'ouvre. Baissant la voix.*) Quelqu'un!.. Au moins, de la décence!..

SCÈNE VII.

EMMA, PAUL, ROMAIN, LOUCHON.

ROMAIN, *bas à Louchon.*

Voilà le moment... je le crois bon...suis-moi.

EMMA, *à part.*

Des témoins!.. à merveille!..

PAUL, *brusquement.*

Qu'est-ce?.. que voulez-vous?

ROMAIN, *présentant Louchon.*

Monsieur, c'est le jeune homme qui doit me remplacer, et qui désire...

PAUL.

Bien, bien... (*) (*à part, avec rage.*) Insulter mes amis!.. ma famille!.. me menacer moi-même!..

EMMA, *l'observant, à part.*

Il se contient à peine!.. ça marche, ça marche!

LOUCHON, *bas.*

Il ne t'a pas entendu.

ROMAIN, *s'approchant.* (**)

Monsieur, c'est le jeune homme...

PAUL, *impatienté.*

C'est bien !

EMMA, *partant d'un éclat de rire.*

Ha! ha! ha! ha!

PAUL, *vivement.*

Encore!.. Ah! sans le respect...

ROMAIN, *bas à Louchon.*

Tu vois, elle rit aux éclats... ils sont gais.

LOUCHON, *bas.*

Le moment est parfait.

ROMAIN, *à Paul.*

Monsieur...

EMMA, *continuant.*

Ha! ha! ha! ah!

PAUL, *hors de lui.*

Ah! morbleu!.. (***)

ROMAIN, *élevant la voix.*

Monsieur, c'est le jeune...

PAUL, *lui appliquant un soufflet.*

Va-t en au diable !!(****)

(*) E. R. L. P.
(**) E. L. R. P.
(***) E. L. P. R.
(****) E. L. R. P.

ROMAIN.

Oh!.

LOUCHON.

Ah!

ROMAIN, *la main sur la joue.*

Qu'est-ce que c'est que ça?

EMMA, *à part.*

A lui!

LOUCHON, *ébahi.*

Comment, lui!.. qui est si doux?.. qui ne t'avait jamais donné de...

ROMAIN, *abasourdi.*

C'est le premier!.. ça tient au mariage, bien sûr!.. c'est le mariage qui l'a aigri!

PAUL, *furieux.*

Sors!.. je te chasse!.. aujourd'hui, sur l'heure!..(*) Et quant à toi..

LOUCHON, *effrayé.*

Plaît-il?

PAUL.

Tu me conviens, et je te prends.

LOUCHON.

Ah! ouida?.. mais vous ne me convenez pas du tout, vous, monsieur!.. et je ne vous prends pas!..

PAUL.

Insolent!

LOUCHON, *reculant.*

Ne recommencez pas !

ROMAIN, *tout à son idée.*

C'est le premier!

PAUL, *marchant sur Louchon.*

Je te dis que je te prends, que je te garde, que tu me serviras!.. et si tu bronches !...

EMMA, *se plaçant entre eux.*

Monsieur!.. (**) (*à part.*) J'y suis!.. (*Haut.*) Monsieur, songez-y !.., ce garçon ne vous appartient pas, et vous n'avez pas le droit...

PAUL, *passant de l'autre côté.*

Eh madame !.. (***)

EMMA, *le suivant et lui parlant de très près.*

Je vous défends... entendez-vous bien, monsieur?.. je vous défends de le frapper !

PAUL.

Ah! vous me le... (*Appliquant un soufflet à Louchon.*) Tiens! (****)

LOUCHON.

Oh!

ROMAIN.

Ah!

LOUCHON, *criant.*

Qu'est-ce que c'est que ça?

(*) E. L. P. R.
(**) L. E. P. R.
(***) P. E. L. R.
(****) E. L. P. R. *deuxième plan.*

ROMAIN.

C'est le second...

EMMA, *s'asseyant à gauche, avec colère.*

C'est affreux! c'est indigne!

LOUCHON, *criant toujours.*

Pourquoi lui avez-vous défendu?.. Pourquoi lui avez-vous défendu?.. vous voyez qu'il est lancé, et vous l'agacez encore!

EMMA, *à part.*

Il le fait exprès!

LOUCHON, *à Paul.*

Mais ça ne se passera pas ainsi!.. Ah! vous croyez que c'est la première fois que ça m'arrive?.. (*Fièrement.*) J'ai reçu d'autres soufflets dans ma vie, monsieur!.. j'ai même reçu autre chose... ailleurs, monsieur!.. et il vous en cuira, monsieur!.. Je vas vous faire un fier procès!.. (*Criant, pendant que Romain cherche à le calmer et le tire par le bras.*) Un avocat!.. il me faut un avocat!.. je demande un avocat!

PAUL.

Allez tous au diable! (*Il sort au fond, à gauche.*)

ROMAIN, *poussant Louchon dehors, par le fond à droite.*

Mais, cousin, quand je te dis que c'est le...

LOUCHON, *en dehors.*

Tiens! v'là pour toi! (*On entend le bruit d'un soufflet très fort.*)

EMMA.

Bon !.. à l'autre!

~~~~~~

SCÈNE VIII.

EMMA, *seule, puis* MIGNONET.

EMMA, *éclatant.*

Et je passerais ma vie avec un pareil homme !... avec un caractère aussi contrariant!... Car, enfin... s'il n'en donnait à personne... à la bonne heure... je m'en passerais... mais non ! il en donne à tout le monde, excepté à moi!.. Il le fait exprès, il y met de la mauvaise volonté !...

On entend frapper doucement au fond, puis.

MIGNONET, *entr'ouvrant la porte.*

Eh ! bien ?... cela va-t-il?... y sommes-nous?

EMMA, *courant à lui.*

Deux, monsieur!.. il en a donné deux!

MIGNONET, *entrant tout-à-fait.*

Vraiment?.. c'est plus qu'il n'en faut... mais ce qui abonde ne vicie pas (*).

(*) M. E.
~~~~~~

EMMA, *avec désespoir.*

Pas à moi, monsieur !

MIGNONET.

Ah ! bah !

EMMA.

A des malheureux, qui n'en ont que faire... qui ne les lui demandaient pas... tandis qu'il avait là, sous la main...sa femme, qui attendait!.. Ah ! mais, je ne me tiens pas pour battue !..

MIGNONET.

Le fait est que, jusqu'à présent...

EMMA.

Il faudra bien qu'il y vienne !... il y viendra !... Et, tenez, votre présence peut nous être utile.....Il va sans doute rentrer, toujours aussi furieux, et résolu à obtenir une explication... Passez là, dans ce boudoir... *

MIGNONET.

Mais, permettez...

EMMA, *très pressante.*

Je vous en prie !... vous y préparerez la.... le.... Comment appelez-vous cela ?

MIGNONET.

La signification.

EMMA.

Ça m'est égal.... pourvu qu'il soit condamné.... Allez, allez vite !

MIGNONET.

Soit... mais, moi, je ne puis servir de témoin... en avez-vous d'autres ?

EMMA.

Attendez! (*elle sonne.*)

MIGNONET.

Prenez garde!.. des serviteurs ne peuvent déposer contre leur maître, et il faudrait...

SCÈNE IX.

EMMA, MIGNONET, ROMAIN, LOUCHON.

ROMAIN, *la main sur la joue, suivi de Louchon, qui se frotte également la figure.*

Madame a sonné ?

MIGNONET, *pendant qu'Emma regarde au fond.*

Lequel de vous est le domestique de monsieur Fauvel ?

ROMAIN, *vivement.*

Je ne le suis plus !

LOUCHON, *de même.*

Je ne le suis pas encore !

MIGNONET.

Très bien !... ils peuvent témoigner contre lui...

(*) E. M.

Ecoutez : il s'agit d'une mission, délicate et confidentielle...

TOUS DEUX, *se rapprochant avec curiosité.*

Ah !

EMMA, *revenant vivement.*

Un instant !... je ne veux pas que l'ancien valet de chambre de mon mari... (*bas à Mignonet*) le confident, le complice de ses désordres... (*haut*) soit mêlé à tout cela... (*à Romain*) Retirez-vous.

ROMAIN, *piqué.*

Mais, madame... il me semble...

MIGNONET.

Retirez-vous, mon ami.... celui-là nous suffit.... allez.

ROMAIN.

Je sors, monsieur, je sors... (*à part*) Un secret à lui et pas à moi !.. Ah ! oui, mais il m'en faut ma part... et j'ai l'oreille fine. (*Il sort au fond.*)

SCENE X.

EMMA, MIGNONET, LOUCHON.

MIGNONET, *à Louchon.*

Approche, mon garçon,.. et ne perds pas une seule de mes paroles... je n'ai pas l'habitude d'en perdre... je suis avocat.

LOUCHON, *vivement.*

Avocat !... vous êtes avocat, monsieur ?... mais, alors, vous êtes mon affaire !.. J'ai un gros procès, monsieur !

MIGNONET.

Je le gagnerai, je m'en charge.... mais plus tard...

LOUCHON.

V'là ce que c'est...

MIGNONET.

Nous verrons...

LOUCHON.

J'ai été giflé, monsieur !

MIGNONET.

Ah ! bah !... (*à Emma*) Comment! l'un des deux...

LOUCHON.

Oui, monsieur, je suis l'un des deux !... le second !..... et je veux cent écus de réparation !.... c'est le prix..... je l'ai déjà reçu, pour une affaire de ce genre.

EMMA.

Oh ! quelle patience !

MIGNONET.

Eh! bien, je plaiderai, je gagnerai... tu auras 600 fr. de dommages-intérêts... si tu exécutes fidèlement mes instructions.

LOUCHON.

Instruisez-moi, monsieur... je vous ouïs.

MIGNONET, *riant*

Madame a une idée... un caprice...

EMMA, *l'interrompant.*

C'est-à-dire... j'ai fait une gageure... (*bas à Mignonet*) Cela vaut mieux.

MIGNONET, *riant toujours.*

Oui... madame a parié qu'elle saurait tellement irriter, courroucer son mari... qui est l'homme le plus pacifique...

LOUCHON.

Vous dites?..

MIGNONET.

Ordinairement!.. que, dans sa colère, il s'oublierait au point de...

LOUCHON, *vivement.*

Comme moi?..

EMMA.

Juste!.. absolument de même.

LOUCHON.

Ah bah!..

EMMA.

Quand on vous dit que c'est un pari.

LOUCHON.

Oh! vous gagnerez, madame!.. il a de trop bonnes dispositions... il y viendra sans efforts.

MIGNONET.

Tu vas te poster là... derrière cette porte (*) (*il indique la droite*). Tu écouteras attentivement...

LOUCHON.

La conversation ?

MIGNONET.

Non, le résultat... et dès que tu entendras le... Tu connais ce genre de bruit?

LOUCHON.

Personnellement!

EMMA, *rapidement.*

Vous entrerez aussitôt... n'y manquez pas, soyez exact, et il y a pour vous deux cents francs... (*à Mignonet*), Vous, Monsieur, venez là, dans ce boudoir, et je vous réponds que votre présence ne sera pas inutile.. J'en aurai un, monsieur, j'en aurai un! (*Elle l'entraîne dans le boudoir, à droite*).

SCÈNE XI.

LOUCHON, *seul, sur le devant, puis* PAUL *et* ROMAIN.

LOUCHON.

Elle en aura un?.. (*La porte du fond s'ouvre, et l'on voit Romain parler vivement à Paul*) En voilà une drôle d'envie!.. Je lui aurais bien cédé

(*) E. L. M.

le mien... Mais qu'est-ce qu'elle fait donc là-dedans, avec l'avocat? (*Il regarde dans le boudoir par le trou de la serrure*).

PAUL, *qui a congédié Romain, est entré et s'arrête au fond.*

Ce n'est pas possible !.. Romain a rêvé ce qu'il croit avoir entendu!.. Un témoin, mis à l'affût, pour me voir donner à ma femme...

LOUCHON.

Vite, à mon poste! (*Il traverse le salon sur la pointe du pied, sans voir Paul, et entre dans la chambre à gauche*)

PAUL, *au fond à droite.*

Eh ! mais !.. voilà mon homme en embuscade !.. c'est bien cela !.. Mais pourquoi ce complot?.. dans quel but?.. je m'y perds... Mais morbleu! madame, je ne vous ferai pas le plaisir de me mettre en colère... je suis trop furieux pour ça !..

~~~~~~

SCÈNE XII.

PAUL, EMMA.

EMMA, *entrant très gaîment, avec son chapeau et son châle.*

Tiens !.. vous êtes encore ici, monsieur ?

PAUL, *du ton le plus calme et le plus enjoué.*

Oui, madame, oui... (*appuyant*) encore.

EMMA

Cela se rencontre à merveille... je sors... Je n'ai pas voulu attendre jusqu'à demain, pour dîner chez mon père... j'y vais aujourd'hui... à l'instant... (*Elle fait quelques pas*).

PAUL, *d'un air insouciant, et sans la regarder.*

C'est fort bien.

EMMA, *s'arrêtant, étonnée*

Ah ?

PAUL,

Et cela m'arrange beaucoup... car j'ai précisément aujourd'hui un dîner de garçons. (*Il prend un cigare sur la cheminée*).

EMMA.

De... garçons?..

PAUL, *arrangeant sa cravate devant la glace.*

Oh!.. je suis si peu marié!

Air: *de sommeiller encor, ma chère:*

A ce repas l'amitié me convie,
Et nous rirons aux dépens des époux !..

EMMA.

Vous... en pareille compagnie !..
~~~~~~

PAUL.

J'en ai le droit, et je le tiens de vous.
Toute liberté m'est donnée...
(Se rapprochant peu à peu, et à demi-voix.)
Car il serait contraire à la raison
Qu'on fût mari dans la journée,
Lorsque le soir on est garçon.

EMMA, *à part.*

C'est ainsi qu'il le prend!.. mais, patience! (*haut*)
Ce qui m'a déterminée, c'est un billet de mon cousin, qui doit se trouver à ce dîner... un billet, qu'on
vient de me remettre... (*Elle roule dans ses doigts
une lettre pliée, qu'elle a tirée de sa ceinture.*)

PAUL, *souriant.*

Diable!

EMMA, *avec intention marquée.*

Et auquel je désire répondre de vive voix... car
ce billet... que personne au monde ne lira !..

PAUL, *s'emparant adroitement de la lettre.*

Pardon, madame...

EMMA, *à part.*

Bravo !

PAUL, *s'approchant de la cheminée.*

Vous permettez ?..

EMMA, *jouant la terreur.*

Monsieur !.. monsieur, rendez-moi cette lettre !..
je ne veux pas que vous la lisiez !.. je ne veux pas
que... (*Voyant Paul se servir de la lettre pour
allumer son cigare*). Ah ! c'est trop fort !

PAUL, *froidement.*

Voilà ce que c'est.

EMMA, *à part.*

Comment ! rien ne le fâche !.. pas même... Mais
c'est un monstre de douceur, que cet homme-là !..
(*Haut*) Vous ne m'avez donc pas comprise, monsieur ?.. c'est un jeune homme, c'est mon cousin
qui m'écrit !

PAUL, *assis et fumant.*

Parbleu! quel autre se serait permis d'en agir
ainsi ?.. Dans toutes les familles, il y a des cousins
qui écrivent à leur cousines... c'est de tradition...
et c'est toléré.

EMMA.

Ah ! c'est toléré ?... Trouvez donc bon , je vous
prie, que je me rende chez mon père, où je dois
rencontrer... cette personne... j'ai besoin de lui
parler, il faut absolument que je lui parle... ainsi,
ne me retenez pas. (*Elle remonte.*)

PAUL.

Je ne vous retiens pas le moins du monde *. (*Il
s'assied à droite.*)

EMMA, *à part.*

Il me laisse aller !... il me laisse libre !.. mais c'est
un tyran, un despote! (*Revenant, après avoir posé
avec colère son chapeau et son châle, sur un fau-*

(*) E. P.

teuil, au fond.*) Vous ne savez donc pas, monsieur, que mon cousin m'a aimée, avant mon mariage !

PAUL.

Encore une tradition... je vois que vous avez
un cousin... complet.

EMMA.

Ce n'est pas tout !..... il ose encore m'aimer.....
(*appuyant*) après mon mariage !

PAUL.

Oh ! diable !.. c'est abuser du cousinage... Mais
bah !... pourvu que vous ne l'aimiez pas...

EMMA, *élevant la voix.*

Ce n'est pas tout !...

PAUL, *inquiet.*

Plaît-il ?

EMMA.

Cette lettre... que vous avez traitée avec un
dédain si injurieux... elle contenait une déclaration
d'amour... et de plus, la demande d'un rendez-
vous... que mon devoir était de refuser...

PAUL.

Et que vous avez refusé, assurément.

EMMA, *d'un ton ferme.*

Que j'ai accordé, monsieur !

PAUL, *se levant brusquement*

Madame !... (*à part*) Oh ! maladroit !

EMMA, *à part.*

Bien !... bien !... (*haut*) Encouragé par mon in-
dulgence, ce jeune homme a osé pénétrer ici... ce
matin... quand j'étais seule... et,...

PAUL.

Et ?...

EMMA.

Il est là, dans ce boudoir !

PAUL, *à part.*

Si c'était vrai !

EMMA, *se jetant devant la porte du boudoir *.*

Vous n'entrerez pas, monsieur !... vous n'entrerez pas !... (*à part*) Je le tiens !

PAUL, *qui l'a observée, à part.*

Elle ment !... Ah! j'ai eu peur !

EMMA, *marchant vers lui.*

Je brave votre colère !... je m'expose à tout !...
et quand vous devriez me...

PAUL, *s'éloignant et avec calme.*

Eh ! mon Dieu ! madame, je n'ai pas la moindre
envie d'entrer.

EMMA, *ébahie.*

Plaît-il ?

PAUL

Je sais ce que c'est que les cousins... j'ai été
cousin moi-même... et j'avais une collection de pe-
tites cousines... (*se baisant le bout des doigts*) ra-
vissantes.

(*) P. E.

EMMA, *a part.*

Mais il n'a donc pas de sang dans les veines !

PAUL.

Une, surtout !... qui était jolie !...

EMMA.

Monsieur !...

PAUL.

Pas autant que vous, sans doute... mais, elle avait sur vous un immense avantage... elle n'était pas ma femme.

EMMA.

C'est une impertinence !

PAUL.

J'ai toujours été très impertinent... surtout avec ma petite cousine... Un soir, entr'autres..

EMMA.

Monsieur... je vous dispense...

PAUL.

Non, je tiens à vous conter ça... vous me faites vos confidences, je vous fais les miennes... nous sommes un petit ménage bien gentil... Figurez-vous donc une allée de tilleuls... un clair de lune... (Il y a toujours un peu de lune et de tilleuls dans ces histoires-là...)

EMMA.

Mais, monsieur...

PAUL.

Nous étions seuls... (*s'expliquant*) ma cousine et moi... nous nous promenions, bras dessus, bras dessous... serrés l'un contre l'autre... tenez, comme ceci... (*Il prend son bras, qu'elle cherche à dégager.*)

EMMA.

Laissez-moi !..

PAUL.

C'est pour vous expliquer... (*à part*) Ah ! tu veux me mettre en colère !... (*haut*) Mon visage touchait presque le sien, si frais, si pur !.. ma foi, l'occasion, la lune, les tilleuls, tout s'en mêla... (*Enlaçant la taille d'Emma*) Je la saisis dans mes bras... je lui criai : Je t'aime !.. jamais, jamais d'autre que toi !...

EMMA *furieuse.*

Horreur !..

PAUL.

Et j'appliquai sur sa joue le plus délicieux...

EMMA, *exaspérée.*

Ah ! c'en est trop !.. (*Au moment où il va l'embrasser, elle lui applique un soufflet.*)

PAUL, *stupéfait.*

Hein !

EMMA, *au comble de la confusion*

Grand Dieu !.. qu'ai-je fait !...

(*Les deux portes, du boudoir et de la chambre, s'ouvrent en même temps : Mignonet et Louchon paraissent tout-à-coup.*)

(**) E. L.

SCENE XIII.

EMMA, LOUCHON, PAUL, MIGNONET.

MIGNONET, *entrant précipitamment, et avec explosion.*

Bravo !... parfait !... nous y voilà !... nous sommes en règle !

PAUL.

Un homme !..

LOUCHON.

Et de trois !.. je l'ai entendu sonner !..

PAUL.

Un homme était dans ce boudoir !

EMMA, *à part, d'une voix faible.*

Oh !.. je n'ose... lever les yeux sur...

MIGNONET, *se croisant les bras et montrant Emma.*

Voilà donc votre victime !

PAUL, *à part, le regardant.*

Eh mais !.. je le reconnais !.. c'est ce personnage qui, sur l'escalier, m'a regardé en riant !.. (*Haut.*) Monsieur ! qui êtes-vous ?

MIGNONET, *déclamant, avec emphase et force gestes.*

Eh ! quoi ! monsieur... eh ! quoi !.. cette force, que Dieu donna à l'homme pour protéger, pour défendre sa douce et frêle compagne... vous n'avez pas craint de la tourner contre cette infortunée !.. voyez-la, courbée sous le poids de l'outrage, et tendant ses mains suppliantes vers... (*S'arrêtant tout-à-coup.*) Tiens ! je plaidais !

PAUL.

Qu'est-ce qu'il dit ? qu'est-ce qu'il chante ?.. (*Criant.*) Qui êtes vous, à la fin ?

MIGNONET.

Adieu, monsieur.

PAUL.

Vous ne sortirez pas, avant de m'avoir dit...

MIGNONET.

Oh ! je vous en dirai long... je vous en dirai très long, monsieur... car nous nous reverrons.

LOUCHON, *criant.*

Moi aussi, monsieur, nous nous reverrons !

MIGNONET.

Je cours chez l'avoué...

PAUL, *étonné et allant à sa femme.*

L'avoué ?..

MIGNONET.

Qui demeure tout près d'ici, dans cette même rue... et vous aurez bientôt de mes nouvelles... Au revoir, monsieur, au revoir ! (*Il sort par le fond.*)

LOUCHON, *à Mignonet.*

Eh ! monsieur ! je ne vous quitte pas... et moi donc ?.. et mon affaire ?.. (*Revenant à Paul et de même que Mignonet.*) (*) Au revoir, monsieur, au revoir ! (*Il sort par le fond.*)

(*) E. P. L.

SCÈNE XIV

EMMA, PAUL.

PAUL, *comme étourdi.*

Qu y a-t-il ?.. que se passe-t-il ?.. qu'est-ce que tout cela veut dire ?.. Ah ! ça, madame, daignerez-vous, à la fin...

EMMA, *les yeux baissés et d'une voix faible.*

Grâce, monsieur !.. grâce pour un premier mouvement... dont vous me voyez confuse, honteuse !.. (*À part.*) J'ai tout gâté !

PAUL.

Permettez, pardon, ce n'est pas du... premier mouvement qu'il s'agit...

EMMA.

Oh ! si fait, monsieur !.. je sais de quelle offense je me suis rendue coupable... et, par malheur, il n'est pas en mon pouvoir de réparer... (*À part et vivement.*) Ah !.. (*Continuant, les yeux fixés sur Paul, qu'elle observe.*) Aussi, croyez bien que je ne vous en voudrai pas, si, vous fondant sur une faute, que je déplore... usant de vos droits, que je reconnais... vous demandez aux tribunaux... une... séparation... (*À part.*) Le mot est lâché !

PAUL, *vivement.*

Plaît-il ?.. vous avez dit... une séparation ?

EMMA, *s'oubliant et très vite.*

Que vous obtiendrez certainement... Je vous ai frappé, outragé... involontairement, c'est vrai, mais ça ne fait rien... et aux termes de l'article 230... ou 231, je ne sais plus, mais ça ne fait encore rien... pour excès, sévices ou injures graves...

PAUL, *très étonné, à part*

Où diable a-t-elle appris tout cela ?

EMMA, *achevant*

Vous êtes sûr de gagner votre cause...

PAUL.

Et de perdre ma femme... c'est parfait, c'est charmant... (*À part.*) Ah ! c'est à une séparation qu'elle en voulait venir !.. ah ! c'était là le but du soufflet qu'elle devait recevoir... et qu'elle m'a... Bien ! bien !

EMMA, *a part.*

Que se dit-il ?

PAUL.

Non, madame, non...

EMMA.

Comment ?

PAUL.

La séparation me va... elle me va beaucoup, la séparation...

EMMA, *à part.*

Ah ! l'infâme !.. il ne m'a jamais aimée ! (*Elle essuie une larme.*)

PAUL, *continuant.*

Mais, pour la demander, je ne m'appuierai pas sur la petite communication que vous venez de me faire... Un mari battu par sa femme !.. ah ! fi donc !.. je servirais pendant un mois de pâture à la *Gazette des Tribunaux...*

EMMA.

Mais, alors...

PAUL.

Vous avez envers moi, madame, un autre tort, plus grave... et je m'en ferai aussi une arme plus sûre... Vous, qui connaissez si bien certain chapitre du Code, vous devez savoir que le mari peut encore demander la séparation pour cause d'adult... (*Mouvement d'Emma.*) Oh ! rassurez-vous, je ne dirai pas le gros mot dont la loi se sert.

EMMA, *légèrement émue.*

Mais, monsieur, je ne vous comprends pas.

PAUL.

Et, ici, je ne crains plus le ridicule... Autrefois, quand un mari était... (*S'interrompant.*) Je ne dirai pas le petit mot, dont la loi ne se sert pas... chacun le bafouait... On disait alors : *Elles font la sottise et nous sommes les sots...* Aujourd'hui, c'est différent... l'opinion est plus juste, et toute la honte est pour la femme.

EMMA.

Encore un coup, je ne puis comprendre...

PAUL.

Je m'explique et je conclus... Un homme était caché ici, dans votre boudoir... il en est sorti, en présence d'un témoin, qui semblait aposté là, tout exprès... et...

EMMA, *vivement.*

Mais vous vous trompez !.. cet homme n'est pas... ce que vous osez prétendre !.. c'est mon avocat, monsieur, celui qui m'a guidée, conseillée...

PAUL.

Ah ! bah !.. celui qui vous a conseillé de me donner un...

EMMA, *confuse.*

Non... au contraire.

PAUL.

Oui, j'entends, et je ne me suis pas prêté à la combinaison... Ah ! ce monsieur, qui m'a ri au nez sur l'escalier, et qui tout à l'heure...

EMMA.

C'est monsieur Mignonet, avocat, rue...

PAUL, *vivement.*

Vous dites ?.. monsieur ?..

EMMA.

Mignonet, avocat...

PAUL, *avec joie.*

Rue Mazarine ?

EMMA, *étonnée.*

Vous le connaissez ?.. c'est mon cousin qui me l'a indiqué.

PAUL, *pris tout-à-coup a un fou rire.*

Ha ! ha ! ha ! ha !

EMMA.

Qu'avez-vous donc?

PAUL.

Laissez-moi rire... je suis vengé, je suis content, je suis heureux!.. ha! ha! ha! (*riant toujours*) Ah! je lui conseille de conseiller les autres!... mais c'est lui, c'est lui qui devrait plaider en séparation

EMMA, *vivement*

Sa femme l'a battu?

PAUL.

Mieux que ça!.. beaucoup mieux que ça!

EMMA.

Expliquez-vous donc!

PAUL.

Voilà ce que c'est... Hier, après le repas de noces, je me suis retiré pendant une heure ou deux!.. (*Mouvement d'Emma*) Oh! vous ne vous êtes même pas aperçue de mon absence.

EMMA, *vivement intéressée.*

Si fait!.. si fait, monsieur!.. (*se contenant*) Mais, continuez, continuez, je vous en prie!

PAUL.

J'étais appelé par une personne, qui m'attendait dans une voiture...

EMMA.

Une dame voilée?

PAUL, *étonné.*

Précisément... Mais comment savez-vous...

EMMA, *avec anxiété.*

Continuez, de grâce!

PAUL.

Cette dame... (*appuyant*) madame Mignonet...

EMMA.

Ah!

PAUL.

Avait inspiré une passion à mon frère Gaston... qui, jeune, imprudent, avait écrit... écrit très souvent même...

EMMA, *à part.*

Dieu! c'était son frère!

PAUL.

Et ses lettres avaient été saisies chez la jeune femme par un certain monsieur Ulric Pingot

EMMA.

Mon cousin!

PAUL.

Ah! bah!

EMMA.

Mais continuez donc, par pitié:

PAUL.

Ami du mari... ami très intime, à ce qu'il paraît, puisqu'il fouillait dans le secrétaire de madame... (*riant*) ce qui plaçait ce cher Mignonet entre une catastrophe imminente et un malheur accompli... Ha! ha! ha!

EMMA.

Enfin, monsieur?.. enfin?.. cette femme?.. madame Mignonet?

PAUL.

Effrayée, moins pour elle que pour mon frère, prend une voiture, accourt chez moi, qu'elle ne connaissait pas, me poursuit jusque chez votre père, où j'étais en train de me marier... du moins, je le croyais... et me force de me rendre chez le ravisseur des lettres...

EMMA.

Chez M. Ulric?

PAUL.

Oui, votre cousin... qui me jure que ces lettres ne tomberaient pas entre les mains du mari... c'était le point important... Mais il ajoute qu'il ne peut me les restituer, qu'elles n'étaient plus en son pouvoir... Qu'en avait-il fait? à qui les avait-il remises?...

EMMA, *avec effusion.*

A moi, monsieur! à moi!! pour se venger de mes refus, de mes dédains, de mon mariage avec vous!..

PAUL.

Qu'entends-je!

EMMA, *prenant un petit coffret.*

Elles sont toutes là... Et voilà ce qui me faisait mourir!.. ces lettres, signées de votre nom... cette absence de deux heures... cette femme mystérieuse... tout vous accusait!.. vous aviez une maîtresse!.. j'étais trompée, trahie!..

PAUL.

Toi!.. jamais!

EMMA, *avec élan.*

Je vous crois... oh! je te crois!.. mais que veux-tu?.. j'étais folle!.. je te détestais... je t'aime tant! (*Elle se jette dans ses bras.*)

PAUL, *d'une voix encore troublée par la joie.*

Mon Emma!!. Mais à propos de quoi ce soufflet?.. (*s'expliquant*) le mien!.. Pour obtenir une séparation, ne valait-il pas mieux m'accuser de te tromper, d'avoir une maîtresse?

EMMA, *s'oubliant.*

Puisque tu le peux... puisque la loi t'y autorise... (*Se reprenant vivement*) C'est-à-dire, non!.. non pas, monsieur!.. la loi vous le défend positivement!.. (*à part*) J'ai bien besoin de lui apprendre ces choses-là!

PAUL, *avec abandon.*

Non, ce n'est pas là la loi qui me le défend... c'est mon amour, mon bonheur!..

EMMA, *suffoquant de joie.*

Tu me pardonnes?... oh! que tu es bon!... Pardonne-moi aussi pour la bonne tante, que je respecte, que je vénère, que j'entourerai de soins!.. pardonne-moi pour ton vieux tuteur, que j'ai osé tourner en ridicule!.. Tiens! la première fois que je le verrai... je lui sauterai au cou!..

PAUL, *lui tendant les bras.*

Comme à moi?

EMMA.

Oh! de tout mon cœur!

SCÈNE XV ET DERNIÈRE.

LES MÊMES, MIGNONET, *suivi de* LOUCHON, *puis* ROMAIN. (')

MIGNONET, *un papier à la main.*

Hein?.. qu'est-ce que c'est?.. qu'est-ce que je vois?.. Comment! quand j'apporte...

EMMA, *lui prenant le papier des mains.*

Ceci, monsieur Mignonet, devient tout-à-fait inutile. (*Elle le déchire et le jette au feu.*)

PAUL, *gaîment.*

Le rapprochement des époux annulle la procédure... article...

MIGNONET.

272... c'est juste... mais c'est fâcheux... voilà une jolie affaire qui me glisse entre les mains. ('')

LOUCHON.

Mais la mienne ne vous glisse pas, monsieur!.. Vous m'avez promis de me faire adjuger six cents francs pour le soufflet que j'ai reçu!

ROMAIN, *s'avançant vivement.*

Six cents francs?.. pour un soufflet?..

LOUCHON.

C'est le tarif.

ROMAIN.

Vrai?.. Alors, mon bonhomme, comme j'ai reçu de toi ce que tu avais reçu de monsieur, nous continuerons sur ce pied-là... et je recevrai tout ce que tu recevras.

LOUCHON.

Ah! diable!.. à ce compte-là, les six cents francs me glisseront entre les mains, comme le procès de monsieur!..

MIGNONET.

Absolument.

LOUCHON, *fièrement.*

J'annulle la procédure.

PAUL.

Et tu entres à mon service, c'est convenu. (''')

MIGNONET.

Quant à moi, madame, avant de me retirer, je vous renouvelle l'offre de mes services, et je me tiendrai certainement à vos ordres.

PAUL, *ironiquement.*

Vous êtes bien bon.

MIGNONET, *à part.*

Avant un mois, elle me rappelera. (*Il fait quelques pas pour se retirer.*)

EMMA, *bas et vivement à Paul.*

Mais, sa femme?.. ces lettres?.. comment les lui rendre sans danger?..

(') E. M. P. L. R.
('') E. P. M. L. R.
(''') M. E. P. L. R

PAUL.. *bas.*

Rien de plus simple. (*Rappelant Mignonet, qui est près de la porte.*) Pardon, pardon, monsieur Mignonet... (') Nous ne pouvons vous laisser partir ainsi... (*allant vers la cheminée.*) votre temps, vos conseils ont un grand prix...

EMMA.

Et nous devons reconnaître... ('').

MIGNONET.

Oh! je n'accepterai rien.

EMMA, *à qui Paul montre furtivement le petit coffret, en passant derrière Mignonet.*

Vous, sans doute... mais madame Mignonet ne refusera certainement pas... à titre de souvenir... ce... ce petit coffret...

PAUL, *vivement.* (''')

Dont ma femme ira elle-même lui porter la clef.
(*Il lui remet le coffret.*)

MIGNONET, *enchanté.*

Ah! madame!.. voilà une attention !..

EMMA, *un peu confuse.*

Eh! quoi! monsieur, vous aurez la complaisance de porter vous-même... ('''')

PAUL, *bas, à Emma.*

Tu vois... il porte tout ce qu'on veut.

CHŒUR FINAL

Air : *de la Péri.*

Heureux le ménage
Où, d'un jour d'orage,
Bientôt l'amour
Fait le plus beau jour.

EMMA, *au public.*

Air : *Vaudeville du Baiser au porteur.*

Lorsque j'étais, et méchante et sévère,
Quand je troublais le bonheur d'un époux,
J'ai craint, messieurs, qu'à sa juste colère
Ne s'ajoutât votre courroux,
Et j'avais moins peur de lui que de vous.
De me punir, avant qu'il me pardonne,
Vous auriez dû... vous dépêcher...
Quand je deviens douce, gentille et bonne,
Il n'est plus temps de vous fâcher.
Il est trop tard, messieurs, pour vous fâcher.

CHŒUR.

Heureux le ménage, etc.

(') E. M. P. L. R.
('') P. E. M. L. R.
(''') E. M. P. L. R.
('''') P. E. M. L. R.

FIN.

LAGNY. — Imprimerie de VIALAT et Cie.

EN VENTE CHEZ LE MÊME ÉDITEUR :

LAGNY. — Imprimerie de VIALAT et Cie.